IA
OFM

NICOLS SERAN

Copyright © 2024 Nicols Seran

Tous droits réservés.

ISBN : 9798339247708

REMERCIEMENTS

Je tiens à exprimer ma profonde gratitude à tous ceux qui ont contribué à la réalisation de ce livre. Je suis particulièrement reconnaissant envers les experts en IA et les créateurs de contenu qui ont généreusement partagé leurs précieuses connaissances et expériences. Un grand merci à tous ceux qui ont participé à la recherche et à la vérification des informations contenues dans cet ouvrage, assurant ainsi sa précision et sa pertinence. Je suis également reconnaissant envers la communauté OnlyFans pour son inspiration constante et son dynamisme. Enfin, je remercie mes lecteurs pour leur confiance et leur intérêt. Ce livre est le fruit d'un effort collectif, né de la passion pour l'innovation technologique et l'entrepreneuriat digital. Je suis honoré de pouvoir le partager avec vous tous.

TABLE DES MATIÈRES

1. Les Fondations de Ton Business IA sur OnlyFans — Pg n°1

2. Création et Personnalisation de Ton Modèle Virtuel — Pg n°6

3. Production de Contenu avec Deepfake et Face Swap — Pg n°10

4. Déploiement et Optimisation sur les Réseaux Sociaux — Pg n°15

5. Engagement/Fidélisation de l'Audience-Chatting — Pg n°20

6. Stratégie marketing ET automatisation — Pg n°27

7. Gestion Financière et Maintien — Pg n°36

Étape 1

COMPRENDRE LE POTENTIEL DU BUSINESS DES MODÈLESIA

Dans un monde où le contenu numérique est roi, l'innovation technologique offre des opportunités incroyables. Parmi elles, l'utilisation de modèles IA pour créer du contenu engageant sur des plateformes comme OnlyFans est une révolution. Ce business est non seulement lucratif, mais aussi accessible à quiconque maîtrise les outils nécessaires et suit une stratégie efficace. Je vais te guider, étape par étape, pour que tu puisses reproduire ce modèle de succès chez toi. En suivant ce guide, tu apprendras à créer un modèle IA convaincant, à le promouvoir sur les réseaux sociaux, et à monétiser efficacement ton contenu sur OnlyFans. Tout cela, sans jamais avoir besoin d'un modèle humain réel.

PARTIE 1 :
LES FONDATIONS DE TON
BUSINESS IA SUR ONLYFANS

ÉTAPE 2

PRÉSENTATION DES OUTILS DE GÉNÉRATION D'IMAGE

Pour commencer, tu dois choisir les bons outils pour créer le visage de ton modèle IA. Les deux meilleurs outils disponibles aujourd'hui sont **Leonardo.AI** et **Midjourney**.

Leonardo.AI est idéal pour créer des visages réalistes. Il utilise des algorithmes avancés pour générer des visages qui semblent humains, avec des détails précis comme les traits du visage, les textures de peau et les expressions. Cet outil est parfait si tu veux que ton modèle soit crédible et attrayant.

Midjourney, quant à lui, est excellent pour créer des visuels plus artistiques ou stylisés. Si tu veux que ton modèle ait une esthétique unique, ou que tu souhaites explorer différentes niches (comme le style anime ou cartoon), c'est l'outil à choisir. Midjourney est simple à utiliser, et avec les bons paramètres, tu peux créer un visage qui capte immédiatement l'attention.

Pour utiliser ces outils, inscris-toi sur leurs plateformes respectives, et explore leurs options. Leonardo.AI te permettra de peaufiner les détails de chaque élément du visage, tandis que Midjourney te donnera plus de liberté artistique. Teste différents styles et exporte les images qui te plaisent le plus.

ETAPES 3

OUTILS POUR L'ÉDITION ET L'OPTIMISATION DES VISUELS

Une fois que tu as généré le visage de ton modèle IA, il est temps de l'optimiser. C'est ici que des outils comme **PIXLR** et **Pica AI** entrent en jeu. Ces logiciels te permettront d'apporter les retouches nécessaires pour que tes images soient parfaites.

PIXLR est un éditeur de photos en ligne qui offre des fonctionnalités proches de Photoshop, mais sans la complexité. Tu peux ajuster la luminosité, le contraste, ajouter des filtres, ou même retoucher des détails spécifiques. Cet outil est idéal pour polir ton image et la rendre encore plus attrayante.

Pica AI est un autre outil d'édition qui se concentre sur l'amélioration de la qualité d'image. Si tes images générées manquent de détails ou si tu veux affiner certains aspects du visage, Pica AI te permet de le faire facilement. Il est particulièrement utile pour ajouter une touche finale à ton visuel avant de passer à l'étape suivante.

Avec ces outils, tu peux transformer une image générée en un chef-d'œuvre visuel qui sera prêt à être utilisé dans tes promotions ou sur OnlyFans.

ÉTAPE 4

OUTILS POUR LE FACE SWAP ET LA GÉNÉRATION DE VIDÉ

Le visage de ton modèle IA est prêt, mais pour captiver une audience sur OnlyFans, il faut aussi créer des vidéos. C'est là que le face swap en jeu. Des outils comme **DeepSwap** - **Reface.ai** - **Vidnoz** et **Face Swapper** te permettront de remplacer un visage dans une vidéo par celui de ton modèle IA.

DeepSwap est l'outil le plus réaliste pour le face swap. Il utilise l'intelligence artificielle pour ajuster les expressions, les mouvements, et l'éclairage, garantissant que le visage inséré semble parfaitement naturel. C'est le choix idéal pour des vidéos longues ou complexes.

Reface.ai est plus simple et rapide. Il est parfait pour créer des vidéos courtes, idéales pour les réseaux sociaux ou pour donner un avant-goût de ce que tes abonnés peuvent trouver sur OnlyFans.

Vidnoz et **Face Swapper** offrent des alternatives avec des fonctionnalités similaires, chacun ayant ses avantages en termes de facilité d'utilisation ou de rapidité.

En combinant ces outils, tu pourras créer du contenu vidéo de haute qualité avec ton modèle IA, prêt à être monétisé sur OnlyFans.

PARTIE 2

CRÉATION ET PERSONNALISATION DE TON MODÈLE VIRTUEL

ÉTAPE 5

CONCEPTION DU VISAGE VIRTUEL AVEC LEONARDO.AI ET MIDJOURNEY

Pour commencer la création de ton modèle, tu dois concevoir un visage virtuel attrayant et unique qui captivera ton audience. Utilise **Leonardo.AI** pour générer un visage réaliste. Inscris-toi sur le site et explore les options de génération de visage. Commence par ajuster les paramètres de base : sexe, âge, et origine ethnique du modèle. Leonardo.AI te permettra de manipuler des détails tels que la forme des yeux, du nez, des lèvres, et même la texture de la peau pour créer un visage qui se démarque.

Pour un rendu plus stylisé ou artistique, utilise **Midjourney**. Midjourney est parfait si tu veux créer un modèle qui sort de l'ordinaire. Pour cela, rejoins leur serveur Discord (si ce n'est pas déjà fait), et utilise des commandes spécifiques pour générer des images basées sur des descriptions textuelles. Écris des descriptions claires et détaillées de ton modèle, par exemple voici un Prompt : **"femme, Blonde 25 ans, cheveux longs, regard intense, yeux bleu ."** Midjourney générera plusieurs versions basées sur ta description, parmi lesquelles tu pourras choisir la meilleure.

Une fois que tu as généré plusieurs options de visages avec Leonardo.AI ou Midjourney, choisis celles qui captent le mieux l'essence de ce que tu veux représenter. N'hésite pas à affiner et ajuster en fonction de tes préférences, jusqu'à obtenir un résultat parfait

ÉTAPE 6

CRÉATION D'UNE IDENTITÉ UNIQUE POUR LE MODÈLE

Un visage réaliste ou stylisé ne suffit pas ; il faut lui donner une identité unique pour le rendre mémorable. Réfléchis à la niche de ton modèle : glamour, fitness, cosplay, etc. Définis sa personnalité : est-elle enjouée, mystérieuse, sophistiquée ? Cette identité guidera non seulement le style de ses photos et vidéos, mais aussi sa façon de communiquer avec ses abonnés.

Ensuite, rédige une biographie convaincante qui reflète sa personnalité et ses passions. Cette bio sera utilisée sur tous ses profils de réseaux sociaux et sur OnlyFans. Inclue des détails spécifiques pour rendre le personnage crédible : ses hobbies, son parcours, ce qu'elle aime partager avec ses abonnés. Par exemple : "Luna est une passionnée de fitness et de bien-être, elle adore partager ses routines quotidiennes et ses conseils pour mener une vie saine et active."

Cette histoire servira de fondement à toutes tes communications et à ton marketing. Plus ton modèle a une identité forte et cohérente, plus il sera facile d'attirer et de fidéliser des abonnés.

ÉTAPE 7

OPTIMISATION DU VISUEL AVEC PIXLR ET PICA AI

Maintenant que tu as le visage et l'identité de ton modèle IA, il est temps de polir les images pour les rendre parfaites. Ouvre **PIXLR** et charge l'image que tu souhaites optimiser. Utilise les outils d'édition pour ajuster la luminosité, le contraste, et appliquer des filtres qui correspondent au style que tu veux donner à ton modèle.

Ensuite, utilise **Pica AI** pour améliorer la qualité des images. Cet outil est parfait pour ajouter de la netteté et des détails aux images générées. Télécharge l'image dans Pica AI et applique les améliorations automatiques ou manuelles pour obtenir un rendu plus professionnel.

Assure-toi que tes images ont une résolution élevée et qu'elles sont attrayantes visuellement. Les premières impressions comptent énormément ; une image de mauvaise qualité peut dissuader les abonnés potentiels.
.

PARTIE 3

PRODUCTION DE CONTENU AVEC DEEPFAKE ET FACE SWAP

ÉTAPE 8

INTRODUCTION AU FACE SWAP POUR LA CRÉATION DE VIDÉOS

La prochaine étape pour donner vie à ton modèle IA est de créer des vidéos captivantes à l'aide de la technologie de face swap. Les vidéos sont essentielles pour attirer l'attention sur les plateformes sociales et sur OnlyFans, car elles permettent de montrer ton modèle dans des situations dynamiques et attrayantes.

Pour cela, **DeepSwap** est l'outil idéal. Il offre une technologie avancée de remplacement de visage qui rend le résultat incroyablement réaliste. Inscris-toi sur leur plateforme, puis choisis une vidéo source dans laquelle tu souhaites remplacer le visage par celui de ton modèle IA. Opte pour des vidéos qui correspondent au thème de ton modèle, comme des scènes de sport, de mode, ou des activités quotidiennes.

Une fois la vidéo choisie, télécharge l'image de ton visage IA créé avec Leonardo.AI ou Midjourney. DeepSwap analysera les mouvements du visage dans la vidéo et appliquera ton visage IA avec une précision exceptionnelle, en ajustant les expressions faciales, l'éclairage et les mouvements pour un rendu naturel. Cette technologie est capable de s'adapter aux changements de lumière et d'angle, garantissant ainsi que le visage de ton modèle IA semble parfaitement intégré dans la vidéo.

Vérifie le rendu final et ajuste les paramètres si nécessaire pour corriger les petits détails. Une fois satisfait, exporte la vidéo. Ce processus peut être répété avec plusieurs vidéos pour créer une bibliothèque de contenu diversifié, prêt à être utilisé pour tes campagnes marketing et sur OnlyFans.

ÉTAPE 9

UTILISATION DE DEEPSWAP POUR CRÉER DES VIDÉOS RÉALISTES

Pour compléter ton contenu vidéo, il est essentiel de produire des vidéos courtes et percutantes qui captivent rapidement l'attention. Les vidéos courtes sont parfaites pour les plateformes sociales comme TikTok, Instagram Reels, ou même Twitter. Elles te permettront de toucher une large audience et de générer du trafic vers ton compte OnlyFans.

Reface.ai est l'outil idéal pour cela. Il te permet de remplacer le visage d'un personnage dans une vidéo prédéfinie en quelques secondes. Choisis parmi une large sélection de mèmes populaires, d'extraits de films, ou de vidéos tendances. Charge le visage de ton modèle IA, et en un instant, Reface.ai génère une vidéo courte où ton modèle est mis en scène de manière amusante et mémorable. Ce type de contenu est conçu pour devenir viral et maximiser ton exposition.

Vidnoz offre une autre option pour créer des vidéos courtes, mais avec plus de personnalisation. Tu peux ajouter des effets spéciaux, des transitions, et du texte pour rendre tes vidéos plus dynamiques et originales. Vidnoz est parfait si tu veux varier ton contenu et attirer différents types d'audiences. Par exemple, tu pourrais créer une vidéo de ton modèle IA donnant des conseils de fitness, ou jouant un rôle dans une scène humoristique.

Ces vidéos courtes doivent être simples, accrocheuses et divertissantes. Une fois créées, poste-les régulièrement sur tes comptes sociaux pour attirer l'attention et rediriger ton audience vers ton compte OnlyFans. Ce type de contenu est excellent pour maintenir un engagement constant avec ton audience

ÉTAPE 10

OPTIMISATION ET FINALISATION DES VIDÉOS POUR MAXIMISER L'IMPACT

Avec tes vidéos créées, l'étape suivante est de les optimiser pour chaque plateforme de diffusion afin de maximiser leur impact. La qualité de tes vidéos doit être irréprochable pour attirer et retenir ton audience. Utilise des outils d'édition tels qu'**Adobe Premiere Pro** pour les professionnels, ou **CapCut** pour une solution plus accessible et gratuite.

Dans ces outils, commence par ajuster la luminosité, le contraste, et la saturation de tes vidéos pour qu'elles soient visuellement attrayantes. Ajoute de la musique de fond qui correspond à l'ambiance que tu veux créer. Par exemple, une musique dynamique pour une vidéo de sport, ou une mélodie plus douce pour une scène romantique ou relaxante. Pense aussi à intégrer des sous-titres ou des textes accrocheurs qui renforcent ton message et retiennent l'attention.

Chaque plateforme a ses spécificités : TikTok et Instagram Reels nécessitent des vidéos verticales (9:16), tandis que YouTube ou Twitter préfèrent des formats horizontaux (16:9). Assure-toi de respecter ces formats pour que tes vidéos apparaissent correctement sur chaque plateforme.

Enfin, planifie la diffusion de tes vidéos pour atteindre ton audience au moment où elle est la plus active. Utilise des outils comme **Hootsuite** ou **Buffer** pour programmer tes publications à l'avance. Analyse les performances de tes vidéos en suivant les statistiques de vues, de likes, de partages, et d'engagement. Ajuste ta stratégie en fonction des résultats pour optimiser continuellement tes campagnes.

Avec ces vidéos optimisées, tu es prêt à attirer une audience massive et à les convertir en abonnés payants sur OnlyFans. Publie régulièrement du contenu de haute qualité et observe comment ton audience réagit pour affiner tes tactiques et augmenter tes gains.

PARTIE 4

DÉPLOIEMENT ET OPTIMISATION SUR LES RÉSEAUX SOCIAUX

ÉTAPE 11

CRÉATION ET OPTIMISATION DE PROFILS SUR LES RÉSEAUX SOCIAUX

Pour attirer un maximum d'abonnés sur OnlyFans, il est crucial d'avoir une présence solide et cohérente sur les principaux réseaux sociaux tels qu'Instagram, Twitter, TikTok, et YouTube. Ces plateformes sont d'excellents moyens pour promouvoir ton contenu, attirer de nouveaux abonnés, et maintenir l'engagement de ceux qui te suivent déjà.

Commence par créer des profils dédiés à ton modèle IA sur ces plateformes. Choisis un nom d'utilisateur unique et mémorable qui reflète la personnalité et le style de ton modèle. Utilise des photos de profil et des bannières attrayantes, créées à partir des images générées par Leonardo.AI ou Midjourney, pour capter immédiatement l'attention.

Écris une biographie claire et concise qui décrit ton modèle IA et ce qu'il propose. Assure-toi d'inclure un appel à l'action fort pour inciter les visiteurs à s'abonner à ton compte OnlyFans. Par exemple : "Découvrez plus de contenus exclusifs sur [OnlyFans]!" et ajoute un lien direct vers ta page OnlyFans.

Publie régulièrement des photos et des vidéos optimisées pour chaque plateforme. Sur Instagram, utilise des publications de haute qualité dans le fil principal, des Stories pour du contenu plus spontané, et des Reels pour des vidéos courtes et dynamiques. Sur Twitter, partage des teasers, des mèmes, et engage-toi activement avec tes abonnés en répondant à leurs commentaires ou en lançant des discussions. Pour TikTok, concentre-toi sur des vidéos courtes et captivantes qui peuvent devenir virales.

Utilise des hashtags pertinents pour augmenter la visibilité de tes posts et atteindre une audience plus large. Sur chaque plateforme, il est important de publier de manière cohérente et d'interagir régulièrement avec ton audience pour la fidéliser. Plus tu seras actif, plus tu auras de chances de voir ta base d'abonnés grandir.

ÉTAPE 12

CRÉATION D'UN CALENDRIER DE CONTENUS ET UTILISATION DE VIDÉOS SHORTS

Pour réussir dans ce business, il est essentiel de planifier tes publications à l'avance et de maintenir un flux constant de contenu. Crée un calendrier de contenus hebdomadaire ou mensuel, qui inclut tous les types de publications : photos, vidéos courtes (shorts), teasers, Stories, et promotions. Le but est de garder ton audience engagée en publiant du contenu frais et varié.

Les vidéos shorts, en particulier, sont extrêmement efficaces pour attirer l'attention rapidement. Elles sont courtes, dynamiques, et parfaites pour des plateformes comme TikTok, Instagram Reels, et YouTube Shorts. Pour chaque vidéo, utilise une accroche percutante dans les premières secondes pour capter l'attention, comme une question intrigante ou un élément visuel surprenant.

Tu peux recycler tes vidéos créées avec DeepSwap, Reface.ai, et Vidnoz pour créer ces shorts, en coupant des extraits pertinents et en les adaptant à chaque plateforme. Ajoute des éléments interactifs comme des sondages, des défis, ou des jeux pour encourager ton audience à interagir avec ton contenu. Par exemple, lance un défi de danse TikTok en utilisant une vidéo de ton modèle IA.

Utilise également les Stories d'Instagram et les Fleets de Twitter pour publier des teasers de tes vidéos longues ou du contenu exclusif disponible sur OnlyFans. Ces formats de contenu disparaissent après 24 heures, ce qui crée un sentiment d'urgence et encourage les gens à s'abonner pour ne rien manquer.

Pense à mesurer les performances de chaque type de contenu. Utilise les statistiques de chaque plateforme pour analyser quels types de publications génèrent le plus d'engagement et d'abonnements. Ajuste ton calendrier de contenus en fonction des résultats pour maximiser l'impact de tes publications.

PARTIE 5

ENGAGEMENT/FIDÉLISATION DE L'AUDIENCE-CHATTING

ÉTAPE 13

STRATÉGIES D'ENGAGEMENT ET DE FIDÉLISATION DE L'AUDIENCE

Une fois que tu as attiré des abonnés vers ton compte OnlyFans, la prochaine étape est de les engager et de les fidéliser. Réussir sur OnlyFans nécessite de construire une relation solide et durable avec tes abonnés. Plus ils se sentent connectés à ton modèle, plus ils seront enclins à renouveler leur abonnement et à payer pour du contenu supplémentaire.

Commence par offrir un contenu exclusif qui ne peut être trouvé nulle part ailleurs. Par exemple, des vidéos en coulisses, des photos inédites, ou des livestreams. Crée un sentiment de communauté en interagissant régulièrement avec tes abonnés. Réponds à leurs commentaires, remercie-les pour leur soutien, et demande-leur ce qu'ils aimeraient voir. Plus ils se sentent impliqués, plus ils seront fidèles.

Propose des contenus personnalisés en échange de pourboires ou de paiements supplémentaires. Les abonnés apprécient souvent de recevoir des vidéos ou des messages personnalisés, car cela renforce leur sentiment de connexion. Par exemple, tu peux offrir des vidéos où ton modèle IA mentionne directement le nom de l'abonné, ou répondre à une demande spécifique.

Mets en place des promotions régulières pour récompenser tes abonnés les plus fidèles. Offrir des réductions sur les abonnements ou des cadeaux spéciaux peut inciter les abonnés à rester plus longtemps et à dépenser davantage. Utilise les fonctionnalités de messagerie d'OnlyFans pour envoyer des messages privés et exclusifs, créant ainsi un lien plus intime avec chacun de tes abonnés.

Enfin, fais preuve de transparence et reste toujours à l'écoute de ta communauté. Sollicite régulièrement des retours et des suggestions pour améliorer ton contenu. Tes abonnés doivent sentir que tu es là pour leur offrir une expérience unique et enrichissante, ce qui les incitera à continuer de te soutenir mois après mois.

ÉTAPE 14

GESTION EFFICACE DU CHAT AVEC LES ABONNÉS SUR ONLYFANS

Maintenant que tu as le visage et l'identité de ton modèle IA, Une partie clé du succès sur OnlyFans est la gestion de la communication directe avec tes abonnés. Le chat est l'outil principal qui te permet de créer une relation personnelle avec eux, d'augmenter leur engagement, et de stimuler les ventes de contenu personnalisé. Une bonne gestion du chat peut considérablement augmenter tes revenus.

Pour commencer, assure-toi de répondre rapidement aux messages de tes abonnés. La réactivité est essentielle pour montrer que tu es présent(e) et engagé(e) avec ta communauté. Fixe-toi un objectif de réponse dans les 24 heures pour chaque message reçu. Utilise des réponses personnalisées pour donner aux abonnés le sentiment qu'ils sont valorisés. Une simple formule générique peut suffire pour certaines conversations, mais personnaliser les réponses autant que possible aidera à renforcer leur engagement.

Propose des contenus et des services exclusifs via le chat. Les abonnés apprécient les interactions privées, surtout lorsqu'il s'agit de contenus personnalisés. Par exemple, tu peux offrir des vidéos ou des photos personnalisées, des notes audio, ou même des appels vidéo privés pour un tarif supplémentaire. Encourage les abonnés à faire des demandes spéciales en créant une ambiance accueillante et respectueuse.

Utilise également le chat pour promouvoir des offres spéciales et des promotions. Par exemple, tu peux envoyer un message privé aux abonnés pour les informer d'une réduction sur un pack de contenu, d'un événement spécial en direct, ou d'une nouvelle vidéo exclusive disponible sur ta page. Ces messages personnalisés ont tendance à générer un taux de conversion plus élevé que les annonces générales.

Enfin, surveille et analyse tes conversations régulièrement pour identifier les préférences et les intérêts de tes abonnés. Utilise ces informations pour adapter ton contenu et tes offres. Tu peux même utiliser un assistant virtuel ou un chatbot pour gérer les requêtes simples, tout en intervenant personnellement sur les demandes plus complexes ou lucratives.

ÉTAPE 15

CRÉATION ET VENTE DE CONTENU PREMIUM POUR AUGMENTER LES REVENUS

Une fois que tu as établi une relation solide avec tes abonnés, il est temps de passer à l'étape suivante : la création et la vente de contenu premium. Le contenu premium est une excellente source de revenus supplémentaires sur OnlyFans. Il peut s'agir de vidéos longues, de photoshoots exclusifs, de livestreams, ou même de séries de vidéos éducatives ou divertissantes.

Pour commencer, réfléchis à ce que tes abonnés aimeraient voir et ce qui pourrait leur offrir une valeur perçue élevée. Si ton modèle IA est, par exemple, une personnalité de fitness, tu pourrais vendre des vidéos de coaching privé, des programmes d'entraînement personnalisés, ou des guides nutritionnels. Si ton modèle est plus axé sur le divertissement, propose des vidéos exclusives de danse, de cosplay, ou même des histoires interactives.

Le contenu premium doit toujours offrir quelque chose que tes abonnés ne peuvent pas obtenir gratuitement ailleurs. Mets en avant la rareté et l'exclusivité pour augmenter leur désir d'achat. Tu peux aussi organiser des lancements de contenu avec une offre limitée dans le temps pour créer un sentiment d'urgence et inciter à l'achat immédiat.

Utilise la fonctionnalité de verrouillage de contenu sur OnlyFans pour sécuriser tes vidéos ou photos premium derrière un paywall. Cela te permet de monétiser chaque pièce de contenu de manière efficace. Communique clairement le prix et la valeur de chaque contenu payant. Par exemple, tu peux annoncer une réduction temporaire ou un bonus additionnel pour les premiers acheteurs.

Expérimente avec différents types de contenu premium et analyse les résultats pour identifier ce qui fonctionne le mieux avec ton audience. Utilise les statistiques de la plateforme pour voir quels contenus génèrent le plus de revenus et ajuste ta stratégie en fonction des données.

PARTIE 6

STRATÉGIE MARKETING ET AUTOMATISATION

ÉTAPE 16

OPTIMISATION CONTINUE DE LA STRATÉGIE DE CONTENU ET ENGAGEMENT

Le succès sur OnlyFans repose sur une optimisation continue de ta stratégie de contenu et de ton engagement avec les abonnés. Une fois que tu as mis en place les bases de ton business, tu dois continuellement ajuster et affiner ta stratégie pour rester compétitif et maximiser tes revenus.

Commence par analyser régulièrement tes statistiques de performance. Surveille les métriques telles que le taux d'engagement, le nombre de nouveaux abonnés, le taux de désabonnement, et les revenus générés par chaque type de contenu. Ces données te donneront des indications précieuses sur ce qui fonctionne bien et ce qui doit être amélioré. Par exemple, si tu remarques que les vidéos courtes génèrent plus d'engagement que les photos, concentre-toi sur la création de plus de vidéos.

Diversifie ton contenu pour éviter la saturation et garder ton audience intéressée. Propose différentes sortes de contenu, tels que des défis hebdomadaires, des séries de vidéos à thème, ou des événements live exclusifs. Organise des concours ou des jeux interactifs pour engager encore plus ta communauté. Encourage tes abonnés à participer activement et à donner leur avis sur ce qu'ils aimeraient voir.

Optimise ta tarification régulièrement pour maximiser tes revenus. Fais des tests pour voir quel prix les abonnés sont prêts à payer pour des contenus premium ou des services personnalisés. N'hésite pas à ajuster tes prix en fonction de la demande, des tendances de la plateforme, ou des offres spéciales.

Fais également évoluer ton modèle IA en fonction des retours de tes abonnés et des tendances du marché. Tu peux ajuster son apparence, son style, ou même sa personnalité pour mieux correspondre aux attentes de ton audience. Utilise des outils comme Leonardo.AI ou Midjourney pour créer de nouvelles images et garder ton contenu frais et attrayant.

Enfin, reste attentif aux tendances des réseaux sociaux et d'OnlyFans pour t'adapter rapidement aux nouvelles opportunités. Intègre des techniques de marketing viral, des partenariats stratégiques, ou des collaborations pour étendre ta portée et attirer de nouveaux abonnés.

ÉTAPE 17

PROMOTION CROISÉE SUR DIVERSES PLATEFORMES POUR MAXIMISER LA VISIBILITÉ

Pour réussir sur OnlyFans, il ne suffit pas d'avoir un seul canal de promotion. Il est essentiel de diversifier tes efforts de marketing en utilisant plusieurs plateformes pour attirer une audience plus large. La promotion croisée consiste à utiliser différentes plateformes sociales pour promouvoir ton contenu OnlyFans et maximiser ta visibilité.

Commence par identifier les plateformes qui conviennent le mieux à ton public cible. Instagram et TikTok sont excellents pour les contenus visuels, tandis que Twitter permet de publier des mises à jour fréquentes et d'interagir en temps réel avec les abonnés. YouTube peut être utilisé pour créer des teasers de vidéos plus longues, des vlogs, ou même des tutos qui redirigent vers ton compte OnlyFans pour accéder à des versions complètes et exclusives.

Sur chaque plateforme, adopte une stratégie de contenu spécifique. Sur **TikTok**, crée des vidéos courtes et virales en utilisant des tendances et des défis populaires. Sur Instagram, publie des photos captivantes, utilise les **Stories** pour des aperçus rapides de tes contenus exclusifs, et les Reels pour des vidéos plus dynamiques. Sur Twitter, interagis avec des **hashtags** pertinents et rejoins des discussions liées à ta niche. Plus tu es actif et visible, plus tu auras de chances d'attirer de nouveaux abonnés.

Utilise aussi des fonctionnalités telles que les **"Swipe Up"** sur Instagram Stories ou des liens dans les descriptions YouTube pour diriger directement les utilisateurs vers ton compte OnlyFans. Assure-toi que chaque plateforme renvoie à ton lien OnlyFans et propose un appel à l'action clair.

Envisage également de collaborer avec d'autres créateurs ou influenceurs qui ont un public similaire au tien. Ces collaborations peuvent te donner accès à une nouvelle audience et renforcer ta crédibilité. Par exemple, propose des échanges de publications, des lives en commun, ou même des challenges croisés qui incitent les fans de chaque créateur à suivre l'autre.

ÉTAPE 18

ÉLABORATION D'UNE STRATÉGIE MARKETING PUISSANTE

Pour attirer une audience conséquente et maintenir un flux régulier d'abonnés sur OnlyFans, il est crucial de développer une stratégie marketing puissante et bien pensée. Cela implique de comprendre ton audience, de définir des objectifs clairs, et de créer un plan d'action adapté à ton business.

Commence par identifier ton public cible. Qui sont les personnes les plus susceptibles de s'abonner à ton contenu sur OnlyFans ? Quel est leur âge, leur genre, leurs centres d'intérêt, et leurs habitudes en ligne ? Une fois que tu as une image claire de ton audience, adapte ton contenu et tes messages marketing pour répondre à leurs attentes et à leurs besoins.

Définis des objectifs spécifiques pour ton marketing. Souhaites-tu augmenter le nombre d'abonnés, accroître l'engagement, ou maximiser les ventes de contenus premium ? Chaque objectif doit être mesurable, atteignable, pertinent et limité dans le temps (SMART). Par exemple, tu pourrais te fixer l'objectif d'augmenter ton nombre d'abonnés de 20% en trois mois.

Ensuite, crée un plan de contenu et de promotion. Décide du type de contenu que tu vas publier, de la fréquence des publications, et des canaux de diffusion que tu vas utiliser. Prends en compte les tendances actuelles sur chaque plateforme et adapte ton contenu pour maximiser son impact. Utilise des outils d'automatisation comme Hootsuite ou Buffer pour planifier tes publications à l'avance et gagner du temps.

Pour augmenter la portée de ton marketing, envisage de lancer des campagnes publicitaires payantes sur des plateformes comme Instagram, Facebook, ou Twitter. Les publicités ciblées te permettent d'atteindre précisément ton public idéal et d'obtenir des résultats rapides. Crée des annonces attrayantes avec des images de haute qualité de ton modèle IA et un message convaincant.

Enfin, analyse régulièrement les performances de tes efforts marketing. Utilise les outils d'analyse de chaque plateforme pour suivre tes résultats et identifier ce qui fonctionne le mieux. Ajuste ta stratégie en fonction des données pour maximiser ton retour sur investissement (ROI). Le marketing est un processus continu d'apprentissage et d'optimisation.

ÉTAPE 19

UTILISATION D'OUTILS D'AUTOMATISATION POUR MAXIMISER L'EFFICACITÉ

L'automatisation peut t'aider à gagner du temps, à optimiser ton flux de travail, et à augmenter tes revenus sur OnlyFans. De nombreux outils peuvent t'aider à automatiser des tâches répétitives et à te concentrer sur ce qui est le plus important : la création de contenu et l'engagement avec ton audience.

Pour commencer, utilise des outils de planification de contenu comme **Buffer**, **Hootsuite**, ou **Later** pour programmer tes publications sur les réseaux sociaux à l'avance. Cela te permet de maintenir une présence constante en ligne sans avoir à publier manuellement chaque jour. Ces outils te donnent également des insights sur les meilleures heures pour publier, en fonction de l'activité de ton audience.

Automatise tes réponses aux questions fréquentes sur OnlyFans à l'aide de scripts ou de chatbots. Par exemple, tu peux configurer des réponses automatiques pour les abonnés qui demandent des détails sur les prix ou le contenu disponible. Pour les requêtes plus personnalisées, tu peux utiliser un chatbot qui transfère la conversation vers toi lorsque nécessaire. Cela te permettra de gagner du temps tout en offrant une expérience utilisateur de qualité à tes abonnés.

Les outils d'analyse tels que **Google Analytics** ou les analyses intégrées sur OnlyFans et les réseaux sociaux te permettent de suivre les performances de ton contenu et de tes campagnes de marketing. Utilise ces données pour comprendre le comportement de ton audience, les types de contenu qui fonctionnent le mieux, et les moments où ton audience est la plus active.

Envisage également d'automatiser tes campagnes par e-mail avec des outils comme **Mailchimp** ou **ConvertKit**. Envoie des newsletters régulières à tes abonnés pour les tenir informés des nouveaux contenus, des offres spéciales, et des événements à venir. Les e-mails automatisés te permettent de rester en contact avec ton audience sans nécessiter une gestion manuelle quotidienne.

Enfin, utilise des outils de gestion de projets comme **Trello** ou **Asana** pour organiser tes tâches et projets. Ces plateformes te permettent de garder une vue d'ensemble sur toutes les étapes de ton business, de la création de contenu à la promotion, en passant par l'engagement des abonnés. Elles te permettent aussi de collaborer efficacement si tu travailles avec une équipe.

PARTIE 7

GESTION FINANCIÈRE ET MAINTIEN DE LA MOTIVATION

ÉTAPE 20 :

GESTION FINANCIÈRE ET PLANIFICATION POUR UNE CROISSANCE DURABLE

Pour que ton business sur OnlyFans soit rentable à long terme, il est crucial de bien gérer tes finances et de planifier pour la croissance. Même si ton activité démarre bien, une mauvaise gestion financière peut te faire perdre du terrain rapidement. Voici comment structurer tes finances pour maximiser tes profits et assurer une croissance continue.

Commence par définir un budget clair pour ton activité. Liste toutes les dépenses associées, y compris les coûts des outils et logiciels (comme Leonardo.AI, Midjourney, et DeepSwap), les abonnements aux plateformes de gestion de réseaux sociaux, les publicités, et les éventuels coûts de sous-traitance (par exemple, si tu fais appel à des graphistes ou des éditeurs vidéo). Prévoyez également une marge pour les dépenses imprévues ou pour tester de nouvelles stratégies de marketing.

Mets en place un suivi rigoureux de tes revenus et de tes dépenses. Utilise un tableur ou un logiciel de gestion financière comme **QuickBooks** ou **Wave** pour suivre tous les flux d'argent entrants et sortants. Assure-toi de tenir tes comptes à jour et de les examiner régulièrement pour identifier les domaines où tu peux réduire les coûts ou augmenter tes revenus.

Épargne une partie de tes revenus pour réinvestir dans ton business. Par exemple, tu pourrais utiliser ces fonds pour améliorer la qualité de ton contenu, investir dans de nouveaux outils ou campagnes publicitaires, ou même pour élargir ton activité en lançant un site web personnel ou en créant une boutique en ligne pour vendre des produits dérivés.

Pense à diversifier tes sources de revenus. En plus des abonnements et des ventes de contenu sur OnlyFans, explore d'autres moyens de monétisation comme le merchandising, le parrainage, ou l'affiliation. Par exemple, tu pourrais vendre des articles de mode portant l'image de ton modèle IA ou recommander des produits pertinents à ton audience en échange d'une commission.

Enfin, garde toujours une réserve de liquidités pour les périodes plus creuses. Le marché des créateurs de contenu peut être imprévisible, et il est sage d'avoir une marge de sécurité pour faire face aux fluctuations de revenus. Planifie également de payer tes impôts correctement en te tenant informé des obligations fiscales liées aux revenus d'activités numériques.

BONUS

DÉVELOPPEMENT ET DIVERSIFICATION DE TON ACTIVITÉ

Une fois que ton activité sur OnlyFans est bien établie et rentable, il est temps de penser à l'étape suivante : le développement et la diversification de ton business. L'objectif est de ne pas dépendre d'une seule source de revenus et de te préparer aux changements du marché.

D'abord, pense à étendre ta présence sur d'autres plateformes de monétisation de contenu comme **Patreon, Ko-fi, ou FanCentro**. Ces plateformes peuvent offrir différentes fonctionnalités et attirer une audience différente. Avoir plusieurs sources de revenus t'apporte plus de sécurité financière et te permet de toucher un public plus large.

Envisage également de créer un site web personnel pour ton modèle IA. Un site web te donne un contrôle total sur ton contenu et ta communication, tout en te permettant de collecter des emails pour tes campagnes de marketing direct. Tu peux y intégrer un blog pour améliorer ton SEO, un e-shop pour vendre des produits dérivés, ou un portail pour accéder à du contenu exclusif.

Diversifie ton contenu en explorant d'autres formats et canaux. Par exemple, tu pourrais lancer un podcast, créer des vidéos éducatives ou inspirantes, ou organiser des événements en ligne comme des webinaires ou des ateliers. Ces initiatives peuvent t'aider à attirer une nouvelle audience et à renforcer ton autorité dans ton domaine.

Pense aussi à développer des partenariats stratégiques avec d'autres créateurs de contenu, influenceurs, ou marques. Les collaborations te permettent de croiser ton audience avec celle d'autres partenaires et d'accroître ta visibilité. Choisis des partenaires dont l'audience est compatible avec la tienne pour maximiser l'impact de ces collaborations.

Enfin, sois à l'affût des nouvelles tendances et technologies. Le secteur du contenu numérique évolue rapidement, et les créateurs les plus performants sont ceux qui savent anticiper et s'adapter aux changements. Garde un œil sur les nouvelles plateformes, les tendances de consommation de contenu, et les innovations en matière de marketing numérique pour rester compétitif et continuer à croître.

TITRE DU LIVRE

www.ingramcontent.com/pod-product-compliance
Lightning Source LLC
Chambersburg PA
CBHW070948220526
45471CB00007B/2936